LE PEUPLE

ET

LA SITUATION

PAR UN HOMME DU PEUPLE.

PARIS

E. DENTU, LIBRAIRE-ÉDITEUR,

Palais-Royal, galerie d'Orléans, 13 et 17.

—

1861

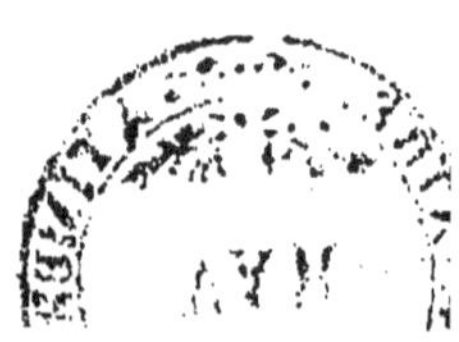

Hyères, Imprimerie de CRUVÈS, place du Jeu de Ballon.

LE PEUPLE

ET

LA SITUATION

PAR UN HOMME DU PEUPLE.

I.

Sait-on si notre dix-neuvième siècle si fertile en progrès de toute espèce, est arrivé à l'apogée de l'intelligence humaine?...

Si ceux qui sont morts il y a à peine cinquante ans revenaient aujourd'hui sur la terre, ils trouveraient peut-être les produits de leur époque bien pâles à côté de nos découvertes, de nos inventions; ils trouveraient surtout que leurs fils (ces rejetons d'un peuple de Vilains) n'ont pas mal profité de la liberté qu'ils leur ont léguée.

Qui sait ce que l'avenir réserve aux générations futures et si dans un demi siècle d'ici seulement nos merveilleux résultats ne seront pas infiniment petits devant de nouveaux progrès.

C'est le secret impénétrable du créateur.

Mais ce qui échappe à la loi du temps, ce que les siècles ne changent point, ce sont les passions humaines, c'est l'injustice des hommes.

II.

Dieu qui protége la France lui a envoyé un sauveur au moment de suprême danger. Épouvantés à la vue de l'hydre révolutionnaire qui, la gueule béante, semblait vouloir dévorer la société, huit millions de cœurs ont palpité d'espoir devant l'homme de la Providence. La terreur a serré la gorge à l'égoïsme des partis qui s'est accroché à la planche de salut avec l'ardeur d'un naufragé lancé au milieu de l'Océan en fureur : le triomphe a dépassé la confiance ; la gloire des résultats a fait l'admiration du pays et le désespoir de l'anarchie.

III.

Et aujourd'hui que le danger est loin de nous, que le monstre hideux de désordre social râle et se tord sous les pieds de l'élu de la France, comme le dragon de Saint Michel ; aujourd'hui que l'homme providentiel a replacé la France au premier rang des grandes nations de la terre, l'esprit de parti relève la tête et sa passion s'exhale, plus vive et plus envenimée, par l'issue que la généreuse confiance du chef de l'État a ouverte à l'expression franche et loyale de l'opinion publique!...

C'est là, aux yeux du gros bon sens du peuple, une affligeante conséquence de ce complément de liberté.

IV.

C'est une curieuse chose, en effet, que les raisonnements nés de l'intérêt de parti sous forme de principes politiques.

Quand on dit, par exemple, que les peuples qui n'ont que des Rois *par la grâce de Dieu*, sont plus heureux que ceux qui jouissent *du suffrage universel* et qui ont un Souverain dont le trône *n'est appuyé que sur la volonté populaire.*

Que le peuple est le patrimoine, la propriété, la chose de ce Prince de droit divin, propriété humaine et intelligente qu'il a le droit de garder quand même ! par le fer et le feu, jusqu'à la mort, absolument comme s'il s'agissait d'un troupeau de moutons !

Le peuple, alors, hausse les épaules et sa dignité n'a qu'une réponse à faire à de si blessantes plaisanteries : c'est que, par une équitable réciprocité, il a eu raison aussi de défendre ses droits et de secouer un joug honteux qui lui pesait chaque jour davantage ; c'est qu'à ses yeux, le trône élevé par la volonté nationale à la dynastie qui possède l'amour et la confiance des masses, n'est ni moins solide, ni moins glorieux que celui qui ne repose absolument que sur une longue succession d'aïeux et sur l'intérêt particulier des minorités privilègiées.

Au reste, le peuple qui ne manque pas de goût et qui est juste en toute chose, sait reconnaître le remarquable talent avec lequel tous ces sophismes sont débités, soit par la plume, soit par le discours ; mais la droiture de son jugement n'en est point ébranlée : c'est l'histoire d'un habile avocat plaidant une mauvaise cause ; le jury applaudit au talent du défenseur, mais ne condamne pas moins le coupable.

V.

J'aime bien mieux ces deux exemples puisés aux deux extrémités de l'échelle sociale.

Un de ces hommes qui n'ont d'autres principes politiques que ceux qui peuvent tourner au profit de leur intérêt personnel, était sur la route de Paris lorsque la révolution de 1830 éclata. Il tourna bride en toute hâte et revint dans son village arborer le drapeau tricolore avant qu'on ne sut rien dans la Province, de ce qui se passait à la capitale. Un très-pauvre diable, fils d'un de ces vieux soldats de la République et de l'Empire qui ont porté si haut le drapeau de la France, sentait des larmes de joie couler de ses yeux à la vue de ces nobles couleurs qu'il aimait tantet auxquelles se rattachaient tant de glorieux souvenirs ; mais il avait le cœur serré de tristesse et de dégoût en voyant des fonctionnaires, des agents du Gouvernement traîner dans la boue leur drapeau blanc et l'image de leur Roi, avant d'être dégagés de leur serment.

Un des plus grands seigneurs de France, dont l'immense fortune est la Providence des malheureux, dont l'illustre blason se perd dans la nuit des siècles, disait à quelqu'un :

« Je ne puis renier mon origine et mes aïeux. Je
« suis essentiellement homme de l'ancien régime ;
« mais au-dessus de mes sympathies personnelles

« il y a l'intérêt de la France, mon pays. En pré-
« sence des considérations actuelles, devant les-
« quelles tout doit s'incliner, non-seulement je
« ne ferais rien qui pût être hostile à Napoléon III,
« mais je ferais tout au contraire pour le soutenir :
« que serions-nous devenus, mon Dieu! et que
« deviendrons-nous encore sans lui !.... »

Voilà des sentiments incontestablement louables :
la foi du serment ; l'intérêt général de la France
au-dessus d'une affection personnelle!...

VI.

Ce sont les majorités qui doivent l'emporter sur
les minorités : c'est la loi de la nature et de la
justice ; c'est celle qui a présidé à la formation
des sociétés et qui doit les régir. C'est donc aussi
la loi de l'infaillible Providence à laquelle tout est
soumis en ce bas monde.

Pourrait-on, sans proférer le plus impie des
blasphèmes, dire que le peuple français a conquis
sa liberté en renversant un ordre de choses cimenté

par des siècles nombreux sans que la Providence
l'ait voulu?...

Que les progrès immenses nés de l'émancipation
d'un grand peuple se sont accomplis malgré la
Providence?...

Que Napoléon III, acclamé par huit millions de
voix, sauvant la France du naufrage et la repla-
çant au premier rang des nations, n'est pas le signe
le plus certain de la volonté de Dieu?

Où serait donc la puissance de la Providence!...

VII.

Sur le terrain brûlant où les discussions politiques
sont actuellement engagées, où la polémique ac-
quiert un si triste caractère d'irritation, on voit
des hommes très-honorables et très-éloquents surtout, jeter à la face du pays leurs idées purement
personnelles, ou celles d'un parti, comme l'opinion
générale du peuple français.

Eh bien! c'est un homme du peuple qui répond
au nom du peuple — vous pouvez vous tromper

de bonne foi, c'est possible, sous l'influence des rivalités politiques, des passions de parti, peut-être même d'une erreur produite par une confiance exagérée en votre entourage, vous pouvez prendre vos propres aspirations pour le sentiment général du pays; mais le peuple, mais la masse proteste contre vos assertions et déclare que ce n'est point là, du tout, l'expression vraie de son opinion.

Discutez, critiquez les actes du Gouvernement puisque la voie vous est ouverte : c'est votre droit, usez-en ; mais quelle que soit l'ardeur de la discussion et ses entraînements, arrêtez-vous au seuil de l'ingratitude.

VIII.

Les sentiments unanimes du peuple français voulez-vous les savoir? C'est une confiance entière dans la sage, loyale et ferme politique du gouvernement Impérial; c'est la reconnaissance la plus profonde, l'amour le plus vif, le dévouement le plus illimité pour l'Empereur, pour la dynastie Napoléonienne qui est la personnification de la gloire de la France , des principes de 89 , de la liberté des peuples et des grands progrès de la civilisation.

Ah! si vous aviez suivi Leurs Majestés Impériales dans les départements; si vous aviez été mêlés aux masses des plus grands centres de population comme des plus petites communes rurales ; s'il y avait eu entre vous et ces masses assez d'homogénéité pour vous identifier avec elles, vous auriez senti la commotion électrique de leur frémissement d'admiration et d'amour, et si vos convictions personnelles ou un intérêt de parti vous portent à combattre la politique du Gouvernement de l'Empereur, soit en Italie, soit ailleurs, vous n'oseriez pas, j'en suis sûr, déclarer que vos habiles et éloquentes paroles sont l'expression vraie des sentiments généraux du peuple français.

IX.

Essayons d'expliquer l'opinion de la masse en France : si mon langage manque de talent, il aura au moins l'éloquence de la vérité.

Les paroles d'un inconnu peuvent paraître suspectes à l'égoïsme de parti qui ne croit pas que l'on fasse rien pour rien, et qui, jugeant par lui-même, voit un intérêt personnel au fond de toute chose.

Mais il est quelques fois, dans la vie d'un homme du peuple, des circonstances qui constituent les meilleures pièces justificatives.

N'ayant pas, ici, à parler de moi, qu'il me suffise de dire qne je n'ai pas même à me féliciter d'avoir compté parmi les *huit millions de citoyens éclairés par le soleil*, quoique j'eusse bien souvent chanté le petit chapeau et la rédingote grise ; qu'il me suffise de dire que dans ma perplexité et dans mon amour profond pour la liberté, mais surtout pour *l'ordre public*, sans lequel il n'y a point de bonheur possible pour les peuples, j'ai jeté mon bulletin dans l'urne du général qui a écrasé l'anarchie aux affaires de Juin.

Je suis donc du tout petit nombre plongé dans les ténèbres, et qui n'a vu clair qu'après les faits accomplis. Ma foi n'est que le résultat de l'expérience ; mon amour n'est que l'œuvre des bienfaits que Napoléon III a versés sur la France.

X.

La révolution de 1789 a eu ses excès comme toutes les grandes révolutions. Un grand peuple ne brise pas ses chaînes rivées par des siècles de despotisme sans produire une violente commotion.

Au milieu de la tempête révolutionnaire, un génie providentiel a surgi qui est venu serrer le frein aux passions mauvaises ; qui est venu rétablir l'ordre public, la religion, l'équilibre social enfin, et diriger les nobles élans du peuple vers la gloire de la patrie ; l'œuvre d'émancipation était accomplie ; un grand principe était sorti de l'œuvre.

De ce jour-là date l'amour du peuple français pour la dynastie napoléonienne ; cet amour a grandi sur les champs de bataille à l'ombre des aigles victorieux de l'Empire. Les privilèges du vieux castel avaient expiré sous le sceptre de la liberté ; l'égalité des hommes devant la loi et devant la justice de l'Empereur avait ouvert les premiers rangs de l'armée et de l'administration du pays à la bravoure et à l'intelligence du peuple.

Si, dans les luttes gigantesques imposées à la France par l'Europe coalisée, quelques chefs sortis des rangs inférieurs de la nation et trop tôt arrivés aux jouissances de la fortune se sont montrés fatigués, cette ingratitude n'a été qu'une rare exception ; le soldat, l'armée en général est restée inébranlable ; sa foi et son amour habitués au triomphe, n'ont point failli devant les revers amenés par les frimas et la trahison. L'ouvrier enlevé à sa mansarde, le cultivateur enlevé à sa cabane de chaume y sont retournés, cachant leur aigle, noirci par la poudre, dans leur capote mutilée par les balles ennemies, et leur drapeau « sous l'humble paille. »

XI.

La Restauration, malgré les séductions de sa Charte, n'a pu prendre racine au cœur du peuple français ; les excès de la réaction ont réagi à leur tour contre leurs auteurs qui sont devenus un objet d'exécration pour le pays. Les énergumènes qui ont servi d'instrument de meurtre et de pillage en 1814 et 1815, n'avaient, pour excuser leurs crimes, ni la conquête de la liberté d'un peuple, ni le prétexte d'une guerre civile : ils égorgeaient des hommes inoffensifs soumis à la fatalité qui venait de briser l'Empire ; ils égorgeaient des hommes qui regagnaient leurs foyers domestiques avec le cœur serré par l'humiliation, et qui ne demandaient qu'à reprendre paisiblement leur charrue ou leur rabot ; ils égorgeaient leurs frères qui n'avaient d'autre tort aux yeux des assassins, que d'avoir été enlevés à leurs familles par la loi de recrutement ; que d'avoir vaincu les armées de l'Europe coalisée et d'avoir porté bien haut le drapeau de la France?...

L'ivresse qui, dans les bacchanales de la Restauration, avait gagné quelques étourdis et ouvert quelques bras prostitués *aux bons alliés* dans quelques départements du Midi a été courte ; on s'est rappelé nos prisonniers sur les pontons d'Angleterre. Le sentiment national s'est réveillé plus vif chez le tout petit nombre qui l'avait un instant oublié et qui a senti le rouge de la honte lui monter au front, ainsi qu'un homme habituellement sobre rougit des folies qu'il a faites sous l'influence d'une boisson capiteuse à laquelle il a succombé par surprise.

Un simple recueil de chansons est devenu, chez le peuple, le livre sacré de la famille. Dans l'atelier, dans la cabane ; depuis le vieillard jusqu'à l'enfant qui commençait à parler, il était su par cœur.

Reine du monde, ô France! ô ma patrie!

———

Parlez-nous de lui grand'mère.

———

Quand secouerai-je la poussière

Qui ternit ses nobles couleurs?...

Etc.,   etc.

———

C'était là les refrains patriotiques qui sortaient de toutes les poitrines françaises.

Si l'ombre du grand martyr de Sainte-Hélène a franchi quelques fois l'Océan pour venir errer, le soir, sur les grèves plaintives de cette France qu'il aimait tant, elle aura entendu ces chants favoris du peuple français ; elle aura senti tout l'amour napoléonien de ce peuple et le culte sacré que la mémoire de l'illustre exilé avait laissé dans tous les cœurs.

XII.

On a souvent dit que c'était les débats parlementaires qui avaient fait éclater les révolutions de 1830 et de 1848.

Ce sont eux, en effet, qui ont en quelque sorte mis le feu à la mine ; à ce point de vue, la liberté *illimitée* de parler et d'écrire est une arme quelque peu dangereuse, et, pour ceux qui détestent les troubles révolutionnaires, il vaudrait tout autant que cette liberté eût des bornes convenables ; mais pour que les débats parlementaires aient fait éclater ces révolutions, il fallait que le peuple y fût prédisposé par des causes morales supérieures aux discussions de la chambre.

Les chansons de Béranger, oui de simples couplets, ont fourni plus de matériaux qu'on ne pense à la révolution de Juillet. Le peuple chantait avec frénésie les grandeurs de la France impériale, son cœur battait d'orgueil aux souvenirs d'un passé glorieux et s'irritait devant l'humiliation de l'invasion étrangère. Il n'aimait point le gouvernement des Bourbons que les principes de 89 avaient rendu impossible en France, et qui avait, à ses yeux, le nouveau tort d'être revenu au bout de la lance des Cosaques.

Le peuple était donc essentiellement napoléonien. Longtemps l'ouvrier de la cité, le laboureur des champs, le pâtre de la montagne n'ont point voulu croire à la mort du grand homme de Sainte-Hélène; ils prétendaient que c'était un faux bruit inventé par la politique anglaise; longtemps ils ont espéré que la Providence leur ramènerait l'Empereur, et les vieux débris de la gloire de l'Empire s'attendaient sans cesse « à secouer la poussière de leur drapeau caché sous l'humble paille. » Si l'Empereur avait paru, le peuple entier lui aurait ouvert les bras.

Dans cette disposition des esprits la révolution de Juillet a pu facilement s'accomplir; mais le peuple a salué le drapeau tricolore de l'Empire beaucoup plus que l'avénement de la branche cadette des Bourbons.

XIII.

Le gouvernement de Louis-Philippe a fait bien

des choses sans doute ; on doit reconnaître les grands travaux, les progrès industriels qui sont dûs à ce règne. Le peuple, qui n'est jamais ingrat, a sincèrement honoré le roi bourgeois, qui était un excellent homme, et surtout sa nombreuse et intéressante famille dont il a su apprécier les services. Les apôtres de la réforme électorale n'auraient pas fait éclater la révolution de 1848, qui les a emportés plus loin qu'ils ne voulaient, sans les causes qui roissaient l'esprit national et la moralité publique. Les affaires de Beyrouth, l'indemnité Pritchard, etc. ont porté un coup mortel au gouvernement de Louis-Philippe. La France pliant le genou devant l'orgueil de l'Angleterre !... La France à la remorque de la perfide Albion !... C'était une blessure profonde faite à l'honneur français, au caractère national. Les instincts napoléoniens du peuple se sont irrités ; un frémissement d'indignation a retenti dans le cœur des masses.

La corruption répandue dans les affaires publiques et atteignant les hautes régions du gouvernement, n'a pas moins contribué à la désaffection du peuple et à la chute de la malheureuse maison d'Orléans.

Le cens électoral apporta son chiffre dans le revenu de la propriété, et ne fut pas le moindre profit pour le propriétaire. La voix de l'électeur devint monnaie courante et acheta, pour les parents et les amis, des faveurs, des emplois enlevés au mérite et aux droits acquis. Des ministres concussionnaires furent livrés à la justice et flétris à la face du monde scandalisé. Le gouvernement de Juillet passa pour celui des trafiquants et de la fraude ; il fut perdu dans l'esprit de la nation.

XIV.

La révolution de 1848 a dépassé les limites prévues par ses auteurs. L'explosion a vomi des éclats d'ambition de toute espèce.

C'est que la république de 1848 et celle de 1789 ne pouvaient se ressembler, et la comparaison devait nécessairement offrir de curieuses disparités.

En 1789, le peuple n'était rien. Courbé sous la verge du despotisme et sous l'orgueil des classes privilégiées, sa plus grande, sa plus noble ambition était la conquête de sa liberté.

En 1848, le peuple était libre et appelé, depuis un demi-siècle, aux plus hautes positions et à prendre part au gouvernement du pays.

On ne pouvait donc, ici, rencontrer dans l'arène républicaine, que l'égoïsme de l'intérêt personnel caché sous le manteau du principe. La soif dévorante des honneurs et de la fortune a envahi les clubs démocratiques. Des coteries d'un libéralisme fort suspect ont arboré l'étendard du socialisme pour faire la guerre aux emplois, même à ceux conquis par le travail, par de longs et honorables services. Des orateurs de place publique, sans autre titre à l'attention du pays que la facilité de leur parole, proclamaient l'âge d'or et promettaient effrontément les choses les plus impossibles.

Quelques pauvres diables fascinés par de séduisantes et fallacieuses promesses ont pu croire à des vertus républicaines qui sont dans la morale de Jésus-Christ, et incompatibles avec les vices et l'égoïsme des ambitieux intrigants auxquels ils servaient de marche-pied ; mais l'illusion n'eût qu'un instant, et l'abîme ouvert sous les pieds apparut au bon sens du peuple avec toutes les horreurs de sa profondeur infinie.

Des républicains sans les premières vertus républicaines, sans l'amour du prochain et l'abnégation de soi-même!... C'était une république sans républicains; c'est-à-dire une chose aussi absurde en théorie qu'impossible en pratique!...

Comme une ancre de salut envoyée par le ciel, un Napoléon surgit au milieu du danger. Le gouvernement de la branche aînée des Bourbons, répudié par les principes de 89, n'était plus possible ; celui de la branche cadette était mort de faiblesse et de corruption : la mémoire du grand homme ; les souvenirs de la gloire de l'Empire ; les aspirations napoléoniennes de la France se manifestèrent par huit millions de voix.

XV.

La bravoure est le cachet caractéristique de la nation française qui a la conscience de sa force et l'amour de la justice. Elle aime la paix qui favorise l'industrie, le commerce et tous les grands progrès de la civilisation ; mais elle aime une paix digne d'elle, digne de sa grandeur, et jamais une paix achetée au prix de l'honneur français.

Ce caractère national suffit, à lui seul, pour expliquer l'amour du peuple pour l'Empereur, et la confiance entière que lui inspire son gouvernement. Le peuple sait parfaitement qu'avec Napoléon III la paix sera toujours honorable, et la guerre toujours juste, quelque pénible qu'en soit la nécessité. Il sait, enfin, que ses sentiments de justice et d'honneur seront toujours d'accord avec ceux du chef auguste qui a sauvé la France de l'anarchie ; qui l'a relevée du rang inférieur où elle était tombée depuis la Restauration ; qui lui a rendu sa gloire et son prestige.

L'esprit du peuple français et ses sentiments napoléoniens se sont surabondamment montrés dans nos dernières guerres. Il serait superflu de chercher d'autres preuves de confiance après ce qu'on a vu des emprunts nationaux, où le peuple en masse courait apporter son obole.

XVI.

La question du pouvoir temporel du Pape est

quelquefois présentée sous un aspect effrayant. A entendre le langage passionné de certain parti, ce serait là le sujet d'un épouvantable cataclysme tout prêt à engloutir le monde entier.

Si on en juge par le peuple français qui, certes, n'est pas moins intelligent ni moins bon catholique que tous les autres peuples de la chrétienté, ces terribles menaces sont au moins ridicules.

Un mal qui a sa source dans nos vanités humaines, c'est que ceux qui ont le talent de bien polir une phrase ou de parler avec facilité, s'imaginent disposer à leur gré de l'opinion publique ; ils croient que tout doit s'incliner devant le prestige de leur éloquence, et ne voient pas que l'infaillible bon sens du peuple est au-dessus des plus éloquentes erreurs.

Ayez la parole du plus grand orateur de la terre ; ayez la plume du plus brillant écrivain du monde, le peuple saura admirer votre immense talent ; mais si vous n'êtes pas dans le vrai, si vous dénaturez ses véritables sentiments, sa raison, soyez-en sûr, saura aussi démêler l'influence qui vous dirige et faire bonne justice de vos passions. La masse ne peut répondre à de belles phrases, à de beaux discours; mais elle juge *in petto,* et elle juge bien.

Pour bien connaître l'esprit du peuple, il faut être enfant du peuple, vivre avec lui, sentir avec lui et parler son langage. Si vous ne le connaissez que parce que vous en dites dans les salons, que parce que vous en voyez dans votre sphère sociale trop éloignée de lui, vous ne le connaissez point, ou vous le connaissez mal.

XVII.

Si vous demandez aux masses ce que c'est que cette brûlante question du pouvoir temporel du Pape, suspendue comme l'épée de Damoclès sur la tête du monde catholique, les trois quarts ne s'en préoccupent point. Dans son admirable bon sens, le peuple sait très-bien qu'on ne peut être saint que dans le ciel, après que l'âme s'est dépouillée de son enveloppe mortelle et peccable, et qu'il n'y a, sur la terre, aucun homme soustrait à l'empire des faiblesses humaines. Mais le vicaire de Jésus-Christ est, dans l'esprit des masses, l'objet d'une idée qui représente quelque chose d'infiniment supérieur à la possession matérielle et périssable de quelques arpens de terre sur un tout petit coin du globe.

A moins de vivre à Rome, le peuple catholique du monde entier ne voit que le prêtre de sa paroisse et l'évêque de son diocèse qui lui représente la plus haute hiérarchie de l'Eglise, quoiqu'il n'ait point de pouvoir temporel.

Si le Pape est encore un homme mortel, il est déjà si près du Ciel dans les idées populaires, que son royaume n'est point de ce monde, selon la divine parole de Jésus-Christ. Enfin, le Pape est, dans les idées du peuple, le Souverain de l'univers, mais le Souverain des âmes immortelles appelées à peupler le ciel.

Si la masse voyait et admettait sérieusement le pouvoir temporel du Pape, le prestige du Souverain universel des âmes en éprouverait un affligeant préjudice. La possession de quelques provinces est trop au-dessous de la dignité du Saint Père des chrétiens : le fondé de pouvoirs du Ciel ne peut être un petit roitelet, et le peuple qui, dans ses idées religieuses, l'a déjà placé entre l'homme et les Anges, tomberait lui-même dans l'irrévérence et la contradiction lorsque dans ses proverbes qui font loi chez le vulgaire, il dit : *Soldat du Pape*, pour désigner un poltron, un homme timide, efféminé, un soldat qui ne l'est point.

C'est que le peuple qui est profondément imbu des principes sublimes de l'évangile, de la parole de Dieu lui-même, ne peut admettre que le chef auguste de la sainte religion chrétienne, puisse avoir des armées, des canons, des engins de guerre; des bourreaux et des gibets; qu'il puisse avoir d'autre tribunal que celui de la pénitence, justice d'un Dieu clément et miséricordieux; justice céleste à l'abri des erreurs du jugement des hommes; justice infaillible qui n'a jamais envoyé un innocent au supplice; le peuple, dis-je, ne peut admettre que le Saint Père des chrétiens, qui est le représentant de Dieu sur la terre, puisse ouvrir, d'une main, la porte du pardon au pécheur pour lui percer le cœur, de l'autre main, avec le glaive sanglant de la justice humaine; qu'il puisse faire couler le sang et donner la mort quand Jésus-Christ prêchait une morale toute contraire; quand il disait à ses disciples : si on vous frappe sur une joue, présentez l'autre à celui qui vous a frappé, plaignez-le et priez pour lui ! — quand le prêtre nous dit chaque jour aux pieds de l'autel : prions pour nos amis et *pour nos ennemis !*

Enfin dans sa haute raison religieuse, le peuple ne peut confondre le caractère auguste et sacré du sacerdoce ; ses sublimes principes de charité, de miséricorde divine avec les misères humaines du pouvoir temporel, avec les luttes politiques, avec la guerre qui tue, qui fait des veuves et des orphelins.

XVIII.

Jugez mieux le peuple et descendez à lui si vous voulez lire dans son cœur les sentiments de haute moralité que la Providence y a semés. Vous y verrez tout son amour pour ce digne prêtre qui est si bon, si doux, si simple et si charitable ; vous y verrez sa profonde vénération pour ce véritable apôtre, pour ce saint homme de paix et de vertus chrétiennes qui s'élève au-dessus des passions humaines pour lui montrer le chemin du Ciel. Vous y verrez aussi la douleur amère causée par la violence dont quelques princes de l'Église viennent de donner un si déplorable exemple, chose bien triste, bien affligeante, qui tournerait au préjudice de la religion, si la sainte religion chrétienne pouvait être atteinte par quelque chose et n'était pas au-dessus de toutes les faiblesses du cœur humain, même des fautes de ses ministres.

XIX.

On a dit pour expliquer l'anomalie d'un pouvoir temporel entre les mains des ministres du ciel :

« Une reine, une femme, gouverne cependant
« chez telle nation. Elle a bien des armées sous ses
« ordres quoiqu'elle ne soit pas militaire elle-
« même. »

En Erance (au moins) on est grands partisans de la loi salique qui exclut les femmes du trône. Ce n'est pas que le peuple français soit moins galant qu'un autre et qu'il soit moins juste à l'égard de la plus belle moitié du genre humain ; mais il ne trouve pas que la sensibilité naturelle à la femme, à cet ange de douceur et de bonté que le Ciel a créé pour le plus grand bonheur et la plus grande consolation de l'homme, s'harmonise très-bien avec les nécessités, quelques fois si dures, du gouvernement, et qu'elle soit bien à sa place à la tête des armées ; il préfère un chef qui gouverne réellement lui-même et qui , au besoin , sache tirer l'épée et le conduire à la victoire.

Les Jeanne-d'Arc sont rares, et en existerait-il encore que le saint caractère des ministres d'un Dieu de paix et de miséricorde ne serait pas moins incompatible avec les passions politiques et l'horreur des combats.

XX.

Que Rome soit la ville papale ou la capitale de l'Italie; que le Pape ait du pouvoir temporel ou qu'il n'en ait pas, le peuple ne s'en préoccupe point, ainsi que nous l'avons dit. La puissance du Saint-Père est, je le répète , bien au-dessus de ces misères humaines; il règne sur toutes les âmes catholiques de l'univers, entre l'homme et le ciel.

Or, le peuple français, essentiellement catholique , laisse absolument la solution de la question de Rome à la volonté de Dieu et à la sagesse du gouvernement de l'Empereur, qui possède toute sa confiance. Si on conserve au Pape un pouvoir temporel, le Souverain universel des âmes n'en sera certes pas plus grand, mais de hautes raisons politiques l'auront ainsi voulu, et le peuple applaudira à une mesure jugée prudente ou convenable. Si ce pouvoir venait à disparaître devant la force irrésistible des événements, il n'y aurait qu'à s'incliner devant les décrets de la Providence qui tient la destinée des nations dans ses puissantes mains, et à croire que Dieu l'a voulu ainsi pour la gloire de la religion chrétienne.

Allez au sein des masses; entrez dans la pensée la plus intime du peuple et vous verrez si ce n'est pas là l'expression la plus vraie de son sentiment vis-à-vis de la situation.

Qu'on cesse donc d'exprimer des craintes chimériques à l'endroit de la religion qu'aucun danger ne menace et qui est forte de toute l'intelligence humaine. Les doctrines sophistiques de certains prétendus esprits forts n'ont été que l'œuvre de la vanité; les luttes de l'orgueil et de la conscience, au moment suprême de la mort, pourraient le dire.

Hyères, Imprimerie CRUVÈS, place du Jeu de Ballon.